AF330407

Lb 1020.

RÉPONSE

D'UN PAIR DE FRANCE

A la Brochure

DE M.

DE CHATEAUBRIAND

RELATIVE

AU BANNISSEMENT DE CHARLES X

ET DE SA FAMILLE.

PARIS,

CHEZ TOUS LES MARCHANDS DE NOUVEAUTÉS.

1831

Li 51. 1020.

RÉPONSE

A LA DERNIÈRE BROCHURE

DE

M. DE CHATEAUBRIAND.

Au mois de mars 1831, M. le vicomte de Châteaubriand avait annoncé que désormais il garderait le silence sur les affaires de la France; il eût bien fait de tenir parole : nous y eussions perdu quelques pages éloquentes; mais il n'eût pas été permis de douter de la sincérité du noble écrivain. « Ma voix sera » peut-être importune, disait-il; mais que l'on » se console, on l'entend pour la dernière fois » dans les affaires politiques, toutes choses de- » meurant comme elles sont. »

Nous l'avions prévu, ce dernier membre de phrase était une porte par laquelle M. de Châteaubriand se proposait de rentrer dans la discussion; et, il faut bien l'avouer, cette restriction est peu digne du grand homme; c'est là (qu'on me passe le mot, un peu vieilli, je l'avoue), c'est là du jésuitisme tout pur. Toutes choses, il est vrai, ne sont pas demeurées comme elles étaient; mais était-il possible qu'elles y restassent? Du mois d'août 1830 au mois de mars 1831 n'avaient-elles pas déjà changé de face, et n'était-il pas évident qu'elles devaient changer encore?

Les choses ne sont pas demeurées comme elles étaient, non sans doute; mais est-ce bien au défenseur officieux du duc de Bordeaux qu'il convient de s'en plaindre?...... Non, les choses ne sont pas demeurées comme elles étaient au mois de mars dernier; alors on n'avait pas encore officiellement renié le programme de l'Hôtel-de-Ville; alors on parlait encore sans rire d'un trône entouré d'institutions républicaines; alors on n'assommait pas les jeunes patriotes; alors l'héroïque Pologne n'avait pas succombé, la Belgique nous tendait les bras, l'Espagne et l'Italie comptaient sur notre secours; alors les partisans de la dynastie déchue se cachaient, et la glorieuse révolution de juillet n'était pas considérée comme un simple changement de ministère;

alors M. de Châteaubriand lui-même ne parlait qu'avec une extrême réserve de ce duc de
Bordeaux dont il s'avoue le champion aujour-
d'hui. Les choses ne sont pas demeurées comme elles étaient ; non, Monsieur le Vicomte,
elles ne sont pas demeurées ; car alors vous
aviez le verbe moins haut, alors vous songiez
à quitter la France, et aujourd'hui vous y ren-
trez.... Le gouvernement a fait des fautes ; qui
n'en fait pas ? Il est faible, cela est vrai : l'at-
taqueriez-vous s'il était fort ? Et puis, pourquoi est-il faible ?..... Peut-être serait-il fort si
M. de Châteaubriand était premier ministre.
Cela, peut-être, n'est pas aussi éloigné qu'on le
pense : sept mois d'exil ont lassé la courageuse
résignation du noble Vicomte, à ce point qu'il
a saisi le prétexte le plus frivole, quelques
vers de Béranger, pour revenir sur la terre à
laquelle il avait dit un dernier et éloquent
adieu..... Passons.

« Après les journées de juillet, dit M. de
» Châteaubriand, on pouvait faire cinq choses :
» proclamer la république ; perpétuer la forme
» monarchique en élevant au trône une race
» toute nouvelle ; rappeler la dynastie de Na-
» poléon dans la personne du duc de Reich-

» stadt; maintenir celle de Saint-Louis dans
» la personne du duc de Bordeaux , la perpé-
» tuer dans la branche cadette. »

C'est le dernier parti qu'on a pris, au grand
désappointement du noble Vicomte, qui, en
désespoir de cause, se fait républicain.

« Quant à moi, dit-il, qui SUIS RÉPUBLI-
» CAIN PAR NATURE, monarchiste par rai-
» son, et bourboniste par honneur, je me se-
» rais beaucoup mieux arrangé d'une démo-
» cratie..... »

Et pourquoi cela, s'il vous plaît?.... M. de
Châteaubriand nous répondra :

« Parce que , après les journées de juillet,
» la France ne l'eût pas adoptée; parce que nos
» mœurs ne l'eussent pas soutenue; parce que
» les éloges de la terreur et des terroristes
» avaient épouvanté les esprits et les souve-
» nirs; parce que nos parens massacrés se le-
» vaient de la tombe, et nous demandaient si
» nous allions boire à la mémoire de leurs
» bourreaux. »

Voilà, c'est le noble Vicomte lui-même qui
le dit, voilà pourquoi il se serait beaucoup
mieux arrangé d'une démocratie.

Après la république, vient le duc de Reichstadt, auquel M. de Châteaubriand veut bien consacrer quelques lignes ; et, à ce sujet, le ministre de Louis XVIII, l'ambassadeur de Charles X, entreprend l'éloge de Napoléon, qu'il appelle *Buonaparte* pour ne pas déroger à la stupide et ridicule manie du pavillon de Marsan. Napoléon II, selon le noble écrivain, eût fait un excellent roi de France ; il n'y avait qu'un léger inconvénient, c'est que ce roi de France est allemand... Quelle pitié !...

Vient ensuite la monarchie de la branche cadette des Bourbons, monarchie que nous possédons aujourd'hui, et qui nous vaut les pages brillantes que nous essayons de réfuter.

« Ce que nous possédons, dit le noble écri-
» vain, est un je ne sais quoi qui n'est ni ré-
» publique, ni monarchie, ni légitimité, ni
» illégitimité ; une quasi-chose qui tient de
» tout et de rien, qui ne vit pas, qui ne meurt
» pas ; une usurpation sans usurpateur, une
» journée sans veille et sans lendemain. Quand
» la république éclata, on pressentit qu'elle
» s'irait briser contre le despotisme ; quand
» l'empire surgit, on devina qu'il se noierait
» dans la victoire, et de là dans la restaura-
» tion. Quand la légitimité reprit le pouvoir,

BIBLIOTHÈQUE NATIONALE R. F.

» on augura qu'elle serait renversée par les
» idées du siècle, si elle ne les savait employer. »

A cela nous répondons : Ce que nous possédons n'est pas ce que nous devrions posséder ;
nous avons cru faire tout autre chose que ce
que nous avons fait ; nous avons cru faire une
monarchie républicaine, et c'est une quasi-res-
tauration que nous avons fait ; nous avons proclamé la souveraineté du peuple, que l'on con-
teste aujourd'hui ; nous avons cru nous ouvrir
une route large et belle, et nous sommes re-
tombés dans l'ornière. Nous nous sommes
trompés, nous avons été trompés ; c'est un
double malheur que M. de Châteaubriand a
mauvaise grâce à nous reprocher, car tout cela
tourne au profit de ses cliens.

« Maintenant, dit le noble écrivain, que
» peut-on prévoir ? où est l'avenir ? quelle sera
» sa forme ? à quelle distance est-il ? »

De grâce, Monsieur, ne changeons pas de
rôle ; c'est à nous qu'il appartient de faire ces
questions, et peut-être vous serait-il facile d'y
répondre. Où allons-nous ? je l'ignore ; mais je
crois que les carlistes le savent..... Qu'en pen-
sez-vous, Monsieur le Vicomte ?

On devina, dites-vous, que l'Empire se noierait dans la Restauration. Qui devina cela, je vous prie ?... Ce n'est sûrement pas vous, qui étiez alors si bien en cour ; si vous l'aviez deviné, pourquoi ne l'avoir pas prédit ? Prédire l'événement quinze ans après qu'il est arrivé, cela est-il bien digne du pélerin de Jérusalem ? Et dites-moi, dans ce temps de l'Empire dont vous parlez, étiez-vous républicain par nature et bourboniste par honneur ?... Hélas ! vous suiviez le vent ; aujourd'hui vous attendez qu'il soit stable. Je ne vous blâme point ; c'est un fait que je constate.

« Proclamé par le gouvernement avec les » changemens nécessaires à la Charte, Henri V, » dit M. de Châteaubriand, eût été reconnu » dans toute la France. La garde nationale de » Paris aurait mis fin à toute république im- » provisée ; l'ami de Washington n'aurait pas » soutenu un essai infructueux, etc. » Pour cela, il s'agissait tout simplement de proclamer ce Henri V ; alors, c'est le noble écrivain qui l'affirme, tout se fût arrangé comme par enchantement ; et s'il y avait eu quelque mouvement, la garde nationale l'eût réprimé. Ainsi, la garde nationale de Paris est carliste, toute la France est carliste, l'illustre Lafayette lui-

même n'était pas éloigné de se faire bourboniste!... En vérité c'est singulièrement abuser
de l'art d'écrire, et bien en a pris autrefois à
l'auteur du *Génie du christianisme* de défendre
la liberté de la presse : il est bien d'écrire quand
on écrit comme M. de Châteaubriand, il est
bien de publier ses pensées; mais il ne faut
pas calomnier, et il est ridicule de faire parade
d'un grand courage, quand rien ne vous me-
nace; il est ridicule de dire à des gens qui vous
laissent le champ libre : « De quoi pourriez-
» vous vous plaindre? loin de me dérober aux
» lois faites et à faire (complément forcé de
» votre système), je m'y viens livrer : je leur
» ai d'ailleurs l'obligation de me faire revoir
» ma patrie. » C'est là de la rodomontade; les
lois faites et à faire ne vous menaçaient pas, et
vous le savez bien,

Vous boudiez le nouveau pouvoir, vous aviez
quitté la France pour vous donner le mérite
de l'exil, et vous aviez juré de n'y pas revenir.
Mais, ainsi que nous l'avions prévu, vous n'a-
vez pas tardé à reconnaître la véracité de ce
proverbe : *Il ne faut jurer de rien*, le mal du
pays vous a pris, et vous avez prêté l'oreille;
mais personne ne vous appelait. Il vous fallait

un prétexte, cela n'est pas difficile à trouver : quelques vers d'un grand poète et une proposition faite à la Chambre des Députés vous sont venus en aide. Vous êtes à Paris, personne ne s'en plaint; vous faites des brochures, c'est votre droit...., j'allais dire votre métier; l'industrie est libre; mais quand vous jouissez de cette liberté, il est mal de dire aux gens qui la protégent : « Je n'ai de vous ni crainte ni souci. » Cela n'est pas poli, et les bourbonistes, autrefois, se piquaient de politesse.

Je lis, page 44 de la nouvelle brochure : « Tout est contradiction, difficulté, embarras » dans l'ordre actuel; on répudie la branche » aînée des Bourbons, et l'on épouse la bran— » che cadette; il arrive qu'on ne dit pas une » parole, qu'on ne fait pas une loi contre la » chose passée, qu'elles ne tombent à plomb » sur la chose présente. On crie contre la race » proscrite, et cette race est sur le trône; on » efface les lis, et les lis sont les armes du roi » électif; on a tous les inconvéniens de la lé— » gitimité, et pas un de ses avantages. »

Oh! vraiment, les choses eussent été bien mieux avec Henri V; un roi de onze ans eût été bien capable de nous tirer de la crise où

nous avait jetés la stupidité de sa famille!.....
Nous eussions eu une régence; mais qui eût
été régent? le duc d'Angoulême, l'homme du
monde dont l'incapacité est la mieux consta-
tée; ou bien on eût donné la régence à la du-
chesse de Berri, pauvre femme qui, toute sa
vie, s'est occupée de chiffons et de colifichets,
et pour qui la forme d'un béret et la coupe
d'une robe de bal sont les choses les plus im-
portantes. Il nous fallait un roi libéral, et on
nous eût fait un roi dévot; et puis nous eussions continué à payer une énorme liste civile
aux princes qui nous ont fait mitrailler; ce
qui est, on en conviendra, pousser trop loin
la charité chrétienne. Nous nous sommes bat-
tus contre le droit divin, et notre premier soin,
après la victoire, eût été de rétablir le droit
divin!....

Mais, dites-vous, le duc de Bordeaux était
légitime..... En êtes-vous bien sûr, Monsieur le
Vicomte? Et ne vous pressez pas de crier à la
calomnie; car Béranger lui-même, ce grand
poète aux accens duquel vous n'avez pu ré-
sister, Béranger a dit quelque part que nous
devons la naissance du duc de Bordeaux à un
tour de gobelet. Et puis, ce n'est pas notre faute

si de la calomnie il reste toujours quelque chose, et ce quelque chose nuit singulièrement à votre client.

Toutefois, M. de Châteaubriand veut bien en convenir, « cette monarchie, arrivée par » hasard, comme on retourne une carte qui » devient un à-tout, pouvait acquérir force » dans l'Etat. » Nous avons donc eu raison de faire cette monarchie. Ce qu'elle pouvait faire, elle ne l'a pas fait; c'est sa faute, et non celle de ceux qui l'ont créée.

Ici le grand écrivain consacre soixante pages de son nouvel écrit à nous prouver que le gouvernement de Louis-Philippe n'a rien fait de ce qu'il devait et pouvait faire; il énumère avec complaisance les fautes faites à l'intérieur et à l'extérieur; il nous reproche notre lâcheté; il nous demande compte du sang des Polonais, des Belges, des Italiens, des Espagnols; il demande ce que nous avons fait de l'honneur de la France; et il dit que les couleurs de notre drapeau sont flétries. Tout cela est juste; mais à quoi bon faire saigner la plaie si vous n'y savez pas de remède? Henri V eût-il secouru les Polonais, les Belges, les Italiens, etc.? Les Bourbons de la branche aînée n'étaient-ils pas accoutumés à se soumettre aux volontés de l'étranger? Ne nous ont-ils pas dit, lors de la guerre d'Espagne, en 1823, que cette guerre leur était imposée par la Russie? Et ces nobles couleurs dont le peuple a secoué la poussière, votre Henri les eût-il acceptées? Cessez donc de nous parler de notre misère, puisque vous ne savez la soulager. Vous comptez nos blessures, et vous voulez nous en faire une plus terrible que toutes les autres.

« Moi, dites-vous, qui n'ai rien juré, rien promis; moi qui n'ai paru à aucun collége, et par conséquent n'ai chargé personne de représenter mon opinion; moi qui ai toujours voulu un gouvernement constitutionnel, désiré l'honneur, la prospérité, la liberté, l'indépendance de mon pays; moi qui ai marqué d'un fer chaud les ordonnances et les fauteurs d'icelles; moi qui n'ai jamais plaidé le droit divin et le despotisme, je paraîtrais à la tribune pour demander Henri V, non comme le destructeur, mais comme le garant de nos franchises. »

Pourquoi donc vous être banni volontairement de cette tribune où vous pouviez servir si efficacement ce Henri pour lequel vous plai-

dez aujourd'hui sans espoir de succès ? Demander Henri V est aisé ; nous l'imposer le serait
beaucoup moins. Vous affirmez n'être pas par-
tisan du droit divin, et deux pages plus loin
vous dites ne reconnaître ni le droit du génie,
ni le droit de la raison, ni le droit de la force.
Quel est donc le droit que vous invoquez ?

Je lis, page 119 : « Charles X et le Dauphin
» son fils n'ont point été déclarés abdiquans
» par une assemblée ennemie ; ils ont bien et
» dûment abdiqué de leur propre gré. »

De leur propre gré !... C'est M. de Châteaubriand qui avance cela !... De leur propre gré !
après trois jours de combat. Cette abdication
équivaut à la démission que donnerait un fonc-
tionnaire trois jours après avoir été destitué.
C'est le peuple qui a destitué la branche aînée
des Bourbons, et le peuple était compétent. Peu
lui importe si la démission a été donnée et en
faveur de qui elle l'a été ; il a donné la place
à qui bon lui a semblé. Mais, direz-vous, le
peuple ne fut pas consulté ; le peuple ne fut
pour rien dans cette affaire. Et cependant, vous
répondrai-je, le peuple est calme, tranquille ;
ne serait-ce pas cette tranquillité, ce calme qui
excitent votre mauvaise humeur ?

En définitive, que demande le noble Vicomte? que nous veut sa brochure? dans quel but l'a-t-il écrite? Il ne veut pas qu'une loi de proscription soit portée contre la branche aînée des Bourbons. Eh bien! qu'il se rassure, car cette loi serait absurde et ne pourrait jamais avoir d'application. Si les Bourbons de la branche aînée reviennent en France, c'est qu'ils seront les plus forts, et alors ils abrogeront la loi; s'ils n'y reviennent pas, la loi est inutile. M. de Châteaubriand sait cela aussi bien que nous, mieux que nous; mais le noble Vicomte est friand de célébrité, et pendant ces derniers mois on avait peu parlé de lui. Il avait quitté la France, et la France subsistait; il avait prédit au nouveau gouvernement une chute prochaine, et ce gouvernement se consolidait. Vîte une brochure, et que tout soit remis en question. Heureusement nous sommes las de révolution, et nous ne voulons pas d'appel au peuple. M. de Châteaubriand peut écrire sans danger; son amour de la monarchie légitime aura seulement pour résultat d'enrichir la république des lettres.

IMPRIMERIE DE DECOURCHANT, RUE-D'ERFURTH, N.° 1, PRÈS L'ABBAYE.

www.ingramcontent.com/pod-product-compliance
Lightning Source LLC
Chambersburg PA
CBHW061853080726

47597CB00010BA/4178